PANEGYRIQUE

DES SAINTS

JOSEPH DE LEONISSA,

ET

FIDEL DE SYGMARENG.

DEDIÉ A MONSEIGNEUR
l'Ancien Evêque de Mirepoix.

A PARIS,

De l'Imprimerie de P. G. Le Mercier, Imprimeur-
Libraire Ordinaire de la Ville, rue Saint Jacques,
au Livre d'Or.

M. DCC. XLVII.

AVEC APPROBATION ET PERMISSION.

L'ANCIEN EVÊQUE
DE MIREPOIX.

ONSEIGNEUR,

J'ai l'honneur de préſenter à VOTRE GRANDEUR l'Eloge de deux Saints dont l'Egliſe vient d'établir le culte. Emules du zéle de Saint François leur Pere, ils ont été les Docteurs & les Martyrs de la même vérité que vous avez ſi ſouvent annoncée aux Peuples & aux Rois. Si les Anges ſe réjouiffent, quand le Ciel s'ouvre à de nouveaux Prédeftinés, ils voient avec joie fur la terre un Prélat jaloux de la pureté de la Foi, & toujours attentif à choifir de dignes Miniftres pour nos Autels. C'eft le dépôt de toute la Religion qui vous eft confié par un Prince éclairé fur fes devoirs ; c'eft vous, MONSEIGNEUR, qui êtes chargé de découvrir & de diriger les fources qui répandent la vie dans tout le corps des Fideles. Le Souverain avoit effayé vos vertus fur l'Objet le plus cher pour lui & pour tout le Royaume, fur l'éducation d'un Fils qui fait notre efperance, enfin il a mis dans vos mains le falut de la Nation. Foible organe que je fuis de la parole Divine, je m'encourage par votre exemple, votre vie eft une leçon perpétuellement adreffée à tous les membres du Clergé, vos travaux nous reprocheroient notre indolence, votre défintereffement condamneroit tout ferviteur mercenaire. Heureux fi nous fçavons nous former fur les Saints dont nous célébrons la mémoire, & fur ceux que Dieu préfente encore à nos yeux !

Je fuis avec le plus profond refpect,

MONSEIGNEUR,

DE VOTRE GRANDEUR,

Le très humble & très - obéiffant
ferviteur, MOTTIN.

PANEGYRIQUE
DES SAINTS
JOSEPH DE LEONISSA,
ET
FIDEL DE SYGMARENG.

Segregate mihi Saulum & Barnabam.

Séparez pour moi Saül & Barnabas.
des Actes des Apôtres, ch. 13. ℣. 2.

INSI la même voix appelloit aux travaux du ministére deux hommes que la même gloire devoit couronner un jour. Ils commencerent l'œuvre du Seigneur par des moyens différens, ils se partagerent pour porter sa lumiére aux Nations; le même esprit les conduit, les mêmes tribulations les attendent ; le martyre de l'un sera plus lent, celui de l'autre plus momentanée ; un courage égal les soutiendra au milieu des épreuves &

des tourmens ; enfin ils feront participans du même héritage. Leur exemple & leurs leçons inftruiront tous les fiécles. Leur mémoire confolera l'Eglife militante, tandis qu'ils orneront l'Eglife triomphante , affis à la droite de J. C. dans les fplendeurs éternelles. *Segregate mihi Saulum & Barnabam.*

Vous renouvellez aujourd'hui , grand Dieu , la même victoire aux yeux de la Chrétienté. Ce que les Juifs & les Gentils ont vû, nous l'admirons encore. L'Europe fidelle vous réfervoit dans deux pays féparés de mœurs & de langage deux Elus que vous avez préfervés de la corruption du fiécle. Vous les avez marqués de votre figne miftérieux. Vous les avez appliqués à de femblables travaux. Vous les avez fignalés par les mêmes prodiges. Vous prononcez par la bouche du Pontife dans un même jour , qu'ils ont obtenu l'immortelle récompenfe ; & l'Eglife les réunit dans l'hommage qu'elle leur confacre avec une fainte allégreffe.

La France eût été jaloufe de les porter dans fon fein , mais elle les contemple dans le vôtre : eh ! feroit-elle étrangere à ces nouveaux Saints ?

Augufte folemnité , tu fais la joye de notre âge. Que les fiécles profanes s'illuftrent par la naiffance des Héros & des Sçavans ; le nôtre n'a peut-être que trop de ces époques fuperbes. Comptons de modernes Conquérans du Royaume de J. C , de modernes Docteurs de la feule fcience néceffaire ; c'eft une époque plus utile & plus magnifique. Et nous-mêmes ouvriers apoftoliques , nous qui appellons les peuples à cette Fête , prenons fur le tombeau de ces amis de Dieu , de quoi purifier nos lévres ; recueillons quelque étincelle du feu qui les embrafoit ; heureux fi notre vocation est telle que la leur ; heureux si nous y répondons avec la même fidélité ! Puissions-nous nous voir animés de votre zéle, Cœurs purs *, Pénitens & Prédicateurs de J. C. concitoyens des Bienheureux que nous célébrons, enfans du même pere, soldats qui combatez sous l'étendart qui les a fait triompher ; Vous portez comme eux la vérité chez les Barbares, vous l'annoncez à vos compatriotes, vous en faites retentir les Villes & les Campagnes, vous essuyez de pareilles fatigues, vous desirez & cueillez la même palme du martyre.

Unissons-nous dans ce grand jour, qui est le vôtre. Rendons gloire au Seigneur qui a choisi ces deux Ministres généreux ; rendons-leur le tribut de louange pour avoir si dignement rempli leur carriere, disons ce que leurs paroles & leurs actions ont exprimé : *Segregate mihi Saulum & Barnabam in opus ad quod assumpsi eos.*

Joseph *de Leonissa* & Fidel *de Sygmareng*, nés avec ces talens qui annoncent les grands hommes, dons précieux que l'oisiveté néglige, ou dont abuse la corruption, cultivés tous deux par des études & par des succès éclatans, mais tous deux prévenus des douces bénédictions qui font le présage du Salut, tous deux persuadés de l'excellence du joug du Seigneur, auquel l'un s'est dévoué plutôt, l'autre plus tard, mais tous deux dans les momens marqués par la Providence : l'un a scellé de son sang les vérités saintes, l'autre s'est consumé dans un long martyre. L'un a été présenté au supplice, l'autre l'a subi. Tous deux spécialement appellés, tous deux fidéles à leur vocation. C'est le partage de ce discours : *Segregate, &c.*

Mere des Apôtres & des Martyrs, Vierge sainte, vous recevez dans vos bras ces imitateurs de votre Fils,

qui ont annoncé fa loi, qui l'ont juftifiée par leur con-
ftance, ou fcellée de leurfang. O Mere de douleurs,
vous fentez le prix de celles qu'ils ont fouffertes; infpi-
rez-nous des paroles dignes d'un fi grand fujet, des paroles capables de repréfenter les effets de la Grace dont
la plénitude eft en vous, & dont il s'étoit répandu fur
eux des rayons fi purs & fi inéffables. *Ave Maria.*

Premier Point.

Malheur au téméraire Oza qui met la main à l'Arche
du Seigneur, malheur au Levite qui faifit l'Encenfoir,
malheur au Pafteur qui entre dans la Bergerie par une
route indirecte, malheur aux ufurpateurs du S. Miniflé-
re! Autant J.C. épanche de graces fur le Serviteur qu'il
appelle, autant referve-t'il de colere à celui qui fe nom-
me lui-même, qui prend l'ambition pour une vocation,
les talens pour une reffource. Inftrumens funeftes de la
ruine des Pafteurs & de celle du Troupeau! Encore s'ils
payoient feuls la peine de leur aveuglement; mais votre
Peuple, Dieu jufte, doit-il être avec eux victime de
votre indignation? Helas, l'aveugle conducteur entraine tout dans le précipice où il tombe.

Détournez ce malheur, Fidéles, par vos jeûnes, par
vos larmes, par vos auftérités. Obtenez que le Maître de la
moiffon ne donne jamais à fon champ que de dignes Ouvriers. * C'eft ce que difoient les Apôtres aux premiers
Chrétiens, ces Apôtres devenus par miracle, de groffiers,
fi éclairés, de lâches, fi courageux, ces Apôtres en qui les
flâmes defcendues du Ciel étinceloient encore. Ah! loin
de fe flatter de leurs forces furnaturelles, craignant toujours de perdre le don de Dieu, & de le porter dans un
vafe trop fragile, ils s'occupent de leur infuffifance; * Ils
crient à l'Eglife naiffante d'attendre de Dieu feul des

Miniftres

** Rogate ergo Dominum meffis, ut mittat operarios in meffem fuam. Matt. 9. 37.*

** Sufficientia noftra ex Deo eft, 2. Cor. 3. V. 6.*

Miniftres pour la parole, & même pour les miniftéres inférieurs à la conduite des ames.

Vous Pafteurs, difoient-ils, n'impofez les mains qu'avec précaution, & qu'à ceux que le Seigneur aura féparés, n'admettez que ceux-là dans un état fi pur & fi fuperieur aux Anges : ce font les termes de S. Paul à fes Difciples Tite & Thimothée, *nemini cito manum impofueris.* S. Paul qui avoit été éclairé d'une façon unique, qui n'avoit pas eu befoin d'apprendre, au lieu que nous ne nous inftruifons que par dégrés, & d'une maniere lente, & fouvent équivoque, S. Paul enfin, qui tranfporté à la fource des lumieres, avoit vu & entendu ce qu'aucun mortel n'avoit oüi ni contemplé.

Quel crime de confier le Tréfor célefte à des dépofitaires foibles, ingrats, infidéles, mercenaires ? Mais à quel figne reconnoître ceux qui en font dignes ? Où font ces jours dans lefquels Dieu manifeftoit fa volonté, & nommoit ceux qui devoient préfider à fon culte? Il tire Pierre de la barque, Matthieu du comptoir, il les enleve aux occupations prophanes. Mais parle-t'il aujourd'hui moins clairement ? La Sageffe inftruit dans le fecret & fe fait entendre, dit Salomon, aux oreilles dociles, aux oreilles que n'a point endurcies l'intérêt ou l'orgueil. Il en eft encore. Si les héritiers de Tite & de Thimothée, fi les Peres, graces à la protection du Ciel, n'ont point dérogé à la févérité de ces premiers Éléves des Apôtres, fi l'Epoufe de J.C. (eh qui peut en douter,) éxige de ceux qui ferviront les Autels les mêmes difpofitions, fi ceux qui s'y préfentent n'écoutent que cette voix, s'ils approchent avec crainte, s'ils fe dévouent avec magnanimité, s'ils foutiennent les épreuves, s'ils ne fe rebutent point des épines du chemin, nous pouvons

B

* 1. Tim. 5. 22.

encore efpérer. Si la candeur & l'innocence des mœurs, fi l'amour du travail, fi le goût des chofes ferieufes, le dégoût pour l'enchantement de la bagatelle, fi le dédain du luxe & des pompes mondaines, fi la tendreffe pour les membres vifibles de J. C. fignalent les premieres années d'une adolefcence, réjouiffez-vous peres & meres, votre enfant devient un autre Samuel, c'eft celui-là que Dieu fe referve : Dieu même veut être fon partage. Si vous n'appercevez pas dans vos enfans cette fleur des vertus, n'en efpérez pas de fruits dignes d'être placés fur l'Autel, Dieu rejette ces prémices.

Jofeph de *Leoniffa* & *Fidel* de *Sigmareng* donnerent dès l'enfance à leurs parens & à leurs Maîtres des préfages certains d'une vocation fainte. Le monde n'étoit pas digne d'eux, Dieu feul devoit être leur héritage. Le feiziéme fiécle vit naître l'un & l'autre : ainfi l'Eternelle fageffe pourvoit à nos befoins. Eh furent-ils jamais plus preffans ? On ne fe rappelle qu'avec larmes ce fiécle funefte ou l'Enfer avoit vomi fes poifons dans prefque toutes les contrées de l'Europe, où il avoit élevé tant d'ennemis contre la Vérité, où il avoit dreffé tant de chaires empeftées, où tant d'Apoftats avoient arraché des Royaumes entiers à la Religion, où les Rois armoient de leur puiffance l'orgueilleufe Héréfie, où tant de diétes & de conférences étoient des fcenes ouvertes aux inventeurs des nouvelles Sectes, différentes en principes, également dangereufes en effet, où ces impies novateurs fubjugeoient les ames par le fer & le feu, quand ils n'avoient pu les féduire par l'infinuation la plus artificieufe. Hélas ! l'Héréfie moins fanguinaire aujourd'hui, retiendra-t'elle encore long-temps fa proye ? Quand reftituera-t'elle à l'Eglife les Sujets qu'elle lui a dérobés ? Jusqu'à quand, ô mon Dieu, l'ivroye fera-t'elle mêlée avec le bon grain trop souvent prefte à l'étouffer ? *Ufque quò, Domine, ufque quò ?* —*C'est ** Ifa. 6. 11.* un fecret de votre Providence que nous devons adorer en tremblant. Sentons avec reconnoiffance d'être préfervés de la contagion. Méritons par notre piété que la lumiere qui nous refte ne foit pas tranfportée à des Etrangers, & qu'elle ne s'éteigne point dans nos Cités. Puiffe la perféverance de dix juftes fauver toute une multitude de coupables !

Jamais fiécle plus funefte à l'Eglife que celui dont nous parlons, & jamais celui qui veille toujours fur elle, n'oppofa de plus illuftres défenfeurs à fes ennemis déclarés ou couverts. Le fiécle de *Fidel* de *Sygmareng* & de *Jofeph* de *Leoniffa* n'enfanta-t'il pas les Pierre Dalcantara, les Jean Davila, Jean de Dieu, Jean Delacroix, les Borromées, les Ignaces, les Xaviers, les François de Sales, les Philippes de Nery. Ce fiécle arma pour la vérité le fexe le plus foible, une Therefe, une Cathérine de Riccy, une Catherine de Cardonne. Le même Dieu qui fufcita Phinées, ranime le zele pour terraffer l'erreur ou le libertinage. Il nous devoit encore les deux Saints dont nous célébrons la mémoire.

Jofeph & *Fidel* voyent le jour, l'un dans un Bourg de la Principauté de Hohen-Zollern, l'autre dans le Royaume de Naples. Leurs parens les reçoivent non avec ce retour mondain qui aime à perpétuer de beaux noms, de grands titres, & des fortunes opulentes, mais avec cette joie fainte des anciens Patriarches, à la vue de leurs enfans, avec la réfignation d'Abraham & l'allégreffe inefpérée de Sara. Leur enfance croît fous les yeux d'un pere & d'une mere vertueux, & attentifs à leur conferver la pureté du Batême, qui de nos jours fe perd ou s'altére fi prématurément. De cette premiere éducation ils paffent rapidement à celle que donnent aux enfans les préceptes des Maîtres, l'éxemple & la concurrence de la jeuneffe, l'émulation & la docilité.

Viterbe jouit des premiers fuccès de *Jofeph*, & l'Univerfité de Fribourg de ceux de *Fidel*. L'un & l'autre retraçant le jeune Tobie, écoutent avidement toutes les voix qui leur parlent de piété. L'un & l'autre font les modéles de leurs Compagnons d'étude, les délices de leur Maître, & l'admiration des Sçavans. Auffi l'Univerfité de Fribourg décerne à *Fidel* à peine forti des premieres épreuves, un rang parmi ceux qui l'avoient inftruit, elle l'égale à eux ; tandis que Viterbe offre à *Jofeph* un pofte honorable pour l'attacher à fa patrie. Vains honneurs & trop frivoles pour d'auffi grands cœurs, pour des cœurs que Dieu feul pouvoit remplir ! Viterbe & Fribourg, théatres trop peu fpacieux pour des actions qui devoient éclairer le monde ! Ce n'eft point pour des édifices prophanes que font faites ces pierres que Dieu même a taillées & polies pour la Célefte Jérufalem.

Jofeph apprend que des hommes divinement infpirés, de nouveaux vainqueurs de la foibleffe humaine, ofent ajouter de nouvelles auftérités à celles qu'ils portent par leurs vœux, afpirent à une plus grande perfection, s'encouragent à retracer la vie laborieufe des premiers organes de l'Evangile, que l'Eglife auffi étonnée que ravie vient de ratifier ces héroïques engagemens. C'en eft affez pour *Jofeph*. Voilà les guides qu'il cherche. Il vole vers Affife, rétraite femblable à celle que choifirent les Solitaires d'Antoine après fa mort;

retraite, où tout ne refpire que pénitence & pauvreté, où tout rappelle la mémoire de *S. François*, ce Patriar-che de la Loi nouvelle, ce grand fpectacle aux yeux de Dieu & des Anges. *Joseph* eft donc admis dans ce Tabernacle, où Dieu habite parmi les mortels. Il a oublié la maifon de fes peres, & la fociété de fes proches. Sourd aux invitations des uns, aux regrets des autres, il n'a nul retour vers le monde. Il a choifi le meilleur partage. *Optimam partem elegit.* *

* Luc. 10.
v. 42.

Autant doit-on gémir fur l'aveugle ambition des pa-rens qui pouffent à l'Autel des enfans peu faits pour y monter, autant doit-on leur reprocher une tendreffe cruelle qui dérobe à Dieu les ames qu'il appelle, qui veut livrer au monde ces ames deftinées à le fuir & l'abdiquer. *Joseph* auffi ferme dans fon facrifice que fi les années euffent aidé à fes réfléxions, fe devoue dans Affife. Ouvrier diligent qui dès l'aurore s'eft préparé à travailler dans la vigne du Seigneur. Il n'a pas attendu l'heure, il l'a dévancée. *Fidel* n'y entra qu'au milieu du jour.

Joseph fut adopté par les difciples & les imitateurs de S. François, formé par eux. Ainfi mes Peres, reven-diquez fes hautes vertus comme votre plus précieux pa-trimoine. Il eft l'honneur de votre école, de cette école de dénuement entier, d'abnégation de foi-même, d'ar-deur pour la converfion des autres, & pour l'accroiffe-ment du regne de Jefus-Chrift.

Fidel forti de l'Univerfité célébre qui voudroit moif-fonner pour fa propre gloire ce qu'elle a femé en lui de fciences & de vertus ; *Fidel* eft choifi pour conduire de jeunes Seigneurs en différentes Cours de l'Europe. Quelle deftination, ô mon Dieu ! Quelle fource de

diffipation ! Quel enchainement de plaifirs ! Quels fpec-
tacles de curiofité ! Quels dangereux attraits pour les
yeux, pour la chair, pour l'efprit ! *Rarò fanctificantur qui
peregrinantur* , dit le pieux Thomas à Kempis.

Ne craignons rien pour lui, mes freres, efperons tout
pour ceux dont il va diriger les pas. Toutes fes voyes feront belles & droites. S'il épie les différens génies des
Nations, c'eft pour admirer la Providence qui fçait pour
l'accompliffement de fes œuvres allier les inclinations
les plus antipatiques. Dans le commerce des Nations il
admire cette main invifible qui lie tous les hommes par
les befoins & par la néceffité de les remplir. Dans la po-
litique des divers gouvernemens, il admire la Sageffe
d'enhaut qui prend toutes fortes de formes pour conduire les hommes au bonheur. Ici la foi de nos ayeux
s'eft confervée pure, il bénit Dieu d'avoir veillé fur
ce Peuple fans permettre qu'il s'égarât. Là il léve les
mains au Ciel pour rappeller la Foi qui s'eft retirée. Ici
des débris du luxe de l'antiquité lui rappellent le néant
des grandeurs humaines. Là des monumens de piété
confervés depuis un temps immémorial l'enflament pour
la Beauté toujours nouvelle & toujours ancienne. Réfléxions falutaires qu'il répand avec onction dans ces
jeunes Eléves qui font confiés à fa fageffe ! L'agrément
de fes entretiens les fait aimer tout folides qu'ils font, l'at-
tention eft foutenue, les efprits font attirés par l'éxemple. Ils fentent d'après lui l'indifpenfable alliance du
Chriftianifme & de la probité. Au milieu des compa-
gnies les plus tumultueufes, c'eft lui feul qu'ils fem-
blent chercher, & qu'ils veulent poffeder. Ce ne font
point des leçons arides, impérieufes, il les amene à la
vertu, il ne les y entraine pas. Quel bonheur pour cet

âge également fufceptible des bonnes & des mauvaifes imprefſions , quel bonheur de trouver un tel guide ! Quel bonheur de rencontrer au milieu des piéges du monde, un œil clairvoyant qui les découvre, une main habile qui nous en détourne ! Ces piéges, helas, font femés de fleurs , tout fait illufion à la jeuneſſe ; il faut rompre le charme. A qui cette puiſſance eſt-elle donnée ? *Fidel* l'avoit reçue du Pere des lumieres, pour récompenfe de fes premieres vertus , & le talent reçu a multiplié au centuple.

Jeuneſſe imprudente, nouveaux Roboams, vous craignez les confeils des fages, vous fuivez l'infenfé qui va vous précipiter. *Fidel* fut écouté , fut cheri de fes difciples ; il l'avoit mérité. Il attira fur eux les faveurs céleftes. Auſſi que de larmes au moment de leur féparation ! Mais les voyages font finis. Les voilà rendus à leur patrie, & *Fidel* à lui-même. Eft-ce pour y goûter un lâche repos ? Eft-ce pour rappeller les idées de ce qu'il a vû ? Eft-ce pour amufer par des narrations la curiofité des hommes ? Eft-ce pour regretter ces agréables agitations qui flattent notre inconftance ? Non , mes Freres, non, fixé dès l'enfance aux occupations férieufes , il va les reprendre. Inftruit des loix, ces premiers Recueils de la fageſſe profane, il paſſe à Villingue pour s'y appliquer encore , & pour les faire fervir à l'intérêt du prochain. Né avec le talent de la parole, il va le cultiver. Ainfi Dieu le préparoit fans qu'il le fçut à publier un jour des loix plus faintes & plus épurées.

Entre toutes les profeſſions qui partagent les hommes , il n'en eft aucune qui foit en même-temps plus utile & plus dangereufe à la focieté, que celle de l'Avocat. Défenfeur né du premier qui l'implore, organe de la vérité pour la propofer aux Tribunaux ; l'honneur, les biens, la vie des Citoyens dépendent de fon talent & de l'ufage qu'il en fait ; dévoué à un travail affidu & fouvent rebutant, expofé à la contradiction, obligé de dégager la vérité des nuages que la fubtilité lui oppofe, obligé par état à ramener la paix, à finir ces guerres funeftes que l'intérêt excite parmi les hommes, que les paffions veulent entretenir, il eft l'inftrument néceffaire aux Juges pour être inftruits, aux parties pour être rapellées de leur égarement, ou foutenues contre le crédit & l'artifice.

Mais s'il eft du nombre de ceux qui appellent bien ce qui eft mal, & mal ce qui eft bien, qui abufent de leurs talens pour fafciner les yeux de la Juftice, s'il employe la perfuafion pour la caufe injufte, s'il cherche à émouvoir en faveur du coupable aux dépens de l'innocent, s'il fe préfere à fa propre caufe, s'il cherche à briller par une éloquence faftueufe, au lieu de répandre un jour pur fur la vérité, s'il éloigne par des rufes une décifion qui devoit être prompte, fi le gain du procès devient une perte réelle pour fon client, plutôt qu'une victoire avantageufe, s'il détourne par des fophifmes le fens des loix, & tend un piége aux Magiftrats par un faux zéle pour celui qu'il défend, ou par un retour orgueilleux fur lui-même, que fes talens & fes travaux font pernicieux au genre humain !

Fidel fentit toute la délicateffe de fes devoirs. Il fut dans fon état l'œil de l'aveugle, le foutien du boiteux, le défenfeur des pauvres, l'interpréte de la vérité ; objet de jaloufie pour fes concurrens, objet de confiance & de refpect pour les Juges. *Ego dixi Dii eftis.* *
C'eft ainfi qu'il regardoit les Magiftrats ? Eût-il ofé mentir

* Joan. 10. 34.

tir devant eux ? Eut-il ofé mentir à lui-même?

Il a donc épuré cette profeſſion ; mais il eſt deſtiné à une autre encore plus pure. La Grace l'enleve tout-à-coup à ſes liaiſons, à ſes exercices, & lui ouvre après cette carriere, celle où il ne va ſervir que l'Egliſe. Les honneurs qu'elle donne, les dignités qu'elle diſpenſe, ſeront ſans doute un tribut qu'on doit payer à ſes talens célebres, & au nouvel uſage qu'il en va faire. Non, mes Freres. Pour la premiere fois il monte à l'Autel, & dans le moment il ſe dévoue à l'obſcurité, à la pénitence, au travail. Conſacré Prêtre, il eſt Novice de Saint François ; le Sacerdoce eſt abſorbé dans l'humilité du Noviciat ; ſes Supérieurs s'humilioient devant lui ; il s'anéantit devant eux. *Joſeph* de *Leoniſſa* encore preſqu'enfant n'avoit pas montré dans la Maiſon d'Aſſiſe plus d'innocence & de docilité.

Rapprochons les tems & les lieux. Ecoutons l'un & l'autre prononcer le Serment qui va les engager à Dieu inviolablement. O mon Dieu, s'écrient-ils l'un & l'autre, recevez votre ſerviteur ; Il ne veut plus que vous ſur la terre & dans le ciel ; mes liens ſont rompus par ceux que je vais former. Je recouvre la liberté de vos enfans, liberté ſi contrariée dans le monde. Fui loin de moi monde ſéducteur ; quels ſont tes jours en comparaiſon d'un ſeul paſſé dans la maiſon du Seigneur ! c'eſt dans cette maiſon que je paſſerai mes jours. Vous m'adoptez, ô mon Dieu. Je ne veux connoître, ſervir, aimer que vous. Abrégez ou prolongez ma courſe, hatez ou differez ma récompenſe, je ne ceſſerai de chanter ici le cantique de louange que j'acheverai dans l'éternité.

Joſeph a encore des années à donner à l'étude de la Philoſophie & de la Théologie. *Fidel* eſt un homme capable d'inftruire ; auffi à peine eft-il Profés , qu'on l'appelle à la Supériorité ; ne croyez pas qu'il l'accepte, un refus héroique manqueroit à fon humilité. *Joseph* puife dans l'Ecriture la fcience du falut. *Fidel* trouve toujours nouveau ce divin livre qui l'occupoit dans le monde. Chacun de fon côté a la même foif des eaux céleftes ; chacun s'abîme dans la fcience de la Croix, dans cette fcience qui remplit tout le cœur, tandis que les autres fciences ne lui donnent qu'une dangereufe enflure. *

Que ne feront point des hommes ainfi formés, quand le temps fera venu de les montrer au monde pour fauver le monde ? Quels feront les fruits d'une vocation fi religieufe ? O Eglife, Tour miftérieufe de David, Tour armée de boucliers, voilà les nouveaux inftrumens de ta gloire. Puiffans en paroles & en œuvres, fortifiés par la priere, par ce commerce affidu entre Dieu & l'homme, des torrens de doctrine découleront de leurs lévres * *Flumina de ventre ejus fluent aquæ vivæ.* Succeffeurs des Apôtres, intrépides devant les ennemis de Dieu, tendres pour leurs freres, & prêts à fe facrifier pour eux, pénitens & accompliffant dans leur corps ce qui manque à la Paffion de J. C. * toujours crucifiés à eux-mêmes, toujours pleins de vie & d'activité pour le falut du prochain, toujours morts à leurs paffions, toujours altérés du calice d'amertume, joyeux dans les tribulations, infatigables dans les travaux Evangéliques, ignorant l'alternative des jours & des nuits, fe faifant tout à tous, courageux jufqu'à tout entreprendre, humbles jufqu'à tout fouffrir.

Miniftre indigne des Autels, que je me fens attendri & confondu par ces grands exemples ! Puiffe l'aveu

* *Scientia inflat.* 1.Cor. 8. 21.

* Joan. 7. v. 38.

* *Ad impleo ea quæ defunt paffionum Chrifti, in carne mea,* Coll. 1. 24.

19

de ma foiblesse m'attirer leur protection auprès du
Pontife Eternel! Puisse notre zéle se réchauffer à l'as-
pect des deux modéles que l'Eglise nous propose!
Avons-nous le bonheur d'être appellés au ministére
par une vocation aussi pure que la leur? Avons-nous
la même fidélité à la remplir? C'est le sujet du Second
Point.

SECOND POINT.

Lorsque Saint Paul se donne aux Corinthiens pour
un Ministre capable d'annoncer l'Evangile, est-ce une
secrette complaisance pour l'excellence & la singula-
rité de sa vocation; & lui eut-il suffi d'être appellé,
s'il n'eût pris toutes les formes pour se rendre également utile aux Juifs & aux Gentils? Incapable, vous
le sçavez, de se glorifier que dans la croix de J. C.
bien éloigné de croire avoir mérité une vocation dis-
tinguée, il détaille aux fidéles pour s'attirer leur confiance & les gagner à Dieu, les travaux qu'il a sou-
tenus, les contradictions qu'il a essuyées, les outrages
des Payens, les machinations des Scribes & des Pharisiens, ses éxils, ses prisons, ses chaînes, ses naufra-
ges. Ce n'est qu'à ce prix qu'on répond à sa vocation :
Imitatores mei estote sicut & ego Christi. *

J. C. l'Envoyé de son Pere pour sauver les hommes,
a-t-il satisfait à sa mission avec moins d'obstacles, de
dangers, de persécutions? c'est le modéle de S. Paul, S.
Paul l'est de *Fidel* & de *Joseph*. Ils commencent comme
lui leur ministére au milieu de leurs concitoyens; ils
paroissent ensuite devant les Infidéles; ils confondent les
Hérétiques; ils renouvellent par tout le spéctacle qu'ont
donné à l'univers les premiers fondateurs de la Foy.

* Philip. 3.
℣. 17.

C ij

La Ville de Veldkirk fut le premier auditoire de *Fidel*; Affife & fes environs recueillirent les premieres leçons de *Jofeph*. Dieu parloit par leur bouche; leurs talens étoient différens; le même zéle les animoit; ils s'épanchoient dans les ames d'une maniere différente. *Fidel* tonnoit fur le pécheur; *Jofeph* le gagnoit par la tendreffe. *Fidel* épouvantoit l'impie; *Jofeph* lui arrachoit des larmes. *Fidel* faifoit redouter une éternité fatale; *Jofeph* faifoit foupirer pour les délices de l'éternité. *Fidel* ébranloit le pécheur opiniâtre; *Jofeph* fe le concilioit. Conjurer, prier, preffer étoit la reffource de l'un; menacer, confondre, anéantir l'orgueil de Satan, étoit la victoire de l'autre. L'un fembloit renouveller la force convainquante de Saint Paul, l'autre la douceur infinuante de Saint Pierre. Ainfi Tertullien intimidoit, Cyprien confoloit; Chryfoftome étoit une lumiere vive & éteincelante qui frappoit les yeux, Auguftin une flâme ménagée qui pénétroit les cœurs; le Saint Diacre d'Edeffe pleuroit fur le pécheur, Saint Bafile & Saint Grégoire atterroient & défarmoient l'infléxibilité. O mon Dieu, feul auteur de tout don parfait, vous les diftribuez aux hommes felon vôtre deftination, & peut-être felon leur génie. Vous donnez à chacun le langage qui lui convient, & vous opérez par divers refforts les mêmes prodiges.

Fidel conferve la noble fierté de fon païs; *Jofeph* employe la douceur & l'urbanité du fien; & tous deux par des voies diftinctes feront des conquêtes à J. C. ces conquêtes dont l'Eglife Catholique eft feule jaloufe. Oui, mes Freres, un des caracteres qui diftingue le plus notre Eglife des fectes infortunées qui fe font féparées d'elle, c'eft ce defir conftant depuis fa naiffance, perpetué jufqu'à nous, ce defir inaltérable d'étendre le Royaume de J. C. Elle regarde tout l'univers comme un héritage qu'elle doit acquérir, ou réftituer à J. C. tandis que les fectes contentes d'avoir ravi quelque portion du troupeau, ne font pas empreffées d'envoyer leurs Prédicateurs aux extrémités de la terre.

J. C. dit à Pierre, jettez en pleine eau votre filet. Pierre & fes Succeffeurs ont toujours penfé que tout devoit entrer dans ce filet miftérieux. Les régions les plus éloignées, les montagnes, les mers, un autre hémifphere, rien ne doit arrêter notre Religion dans fa courfe. Pierre & fes Succeffeurs fémeront daus les larmes & moiffonneront dans la joie & la bénédiction. Nulles bornes à cette moiffon ; elle doit couvrir toute la furface de la terre.* Dieu appuyera fa miffion par des prodiges, comme il l'aura fanctifiée par des tourmens

Le Souverain Pontife a parlé, partez *Jofeph*, les Mahométans vous attendent, ces infortunés trompés par un Séducteur voluptueux & barbare. Il s'embarque à Venife. Le Vaiffeau eft battu d'une affreufe tempête. Dieu a donné à *Jofeph* les ames de tous ceux qui navigent avec lui. *Jofeph* les affure qu'aucun ne périra, & la prédiction eft véritable.

Sa patience foutient une épreuve plus fenfible, un délai néceffaire ; fon zéle en murmure, mais il fe réfigne. Auffi après être rentré dans le Port, il compte les momens trop lents pour fon ardeur. Ils arrivent enfin ces momens tant fouhaités. Un autre Vaiffeau va le porter au terme de fes vœux. Ce Vaiffeau où l'intérêt, ou la curiofité embarquent tant d'hommes de différens caracteres, devient un Temple où il appaife

** Dabo tibi gentes hereditatem tuam, & poffeffionem tuam terminos terræ, Pf. 2. v. 8.*

toutes les paffions pour n'occuper les cœurs que de Dieu feul. Il touche ces hommes que les périls endurciffent & qui font fi difficiles à s'attendrir fur le falut. Il fanctifie leur voyage, ce voyage qu'ils n'entreprennent que par des vûes humaines & peut-être coupables. Le fuccès de fes inftructions eft - il un miracle moins grand que celui qu'il opére en multipliant les provifions quand elles commencent à manquer? Auffi fecourable à leurs befoins fpirituels, qu'aux befoins temporels, il s'attire leur admiration & leur confiance. Dieu marque fon miniftére par ce coup d'éclat.

Il arrive enfin à la vue de Conftantinople. Quels furent les faififfemens de fon cœur! Il ne croit jamais aborder affez tôt. Il croit entendre les gémiffemens de nos Chrétiens Captifs. Il croit voir les Mahométans morts à la foi, & qu'il doit réveiller des ombres & des ténébres où ils font enfevelis. Il fe croit d'abord débiteur à fes freres. Il defcend, il vole, il les embraffe dans les antres qui retentiffent de leurs clameurs. Il paroît au milieu d'eux comme un Ange de paix & de lumiere. Il compare leur fouffrance avec le poids de gloire qu'elle doit operer. Il ouvre le Ciel à leur perfévérance. Il raffure ceux dont la foi épuifée par les perfécutions, chancelle & pourroit fuccomber. Il leur fouffle l'efprit qui l'anime. Les prifons au lieu de pleurs, réfonnent des louanges du Seigneur. Enfin pour traverfer fes travaux, la pefte vient infecter ces prifons redoutables. C'eft une nouvelle matiere pour éxercer fa charité. Il redouble d'affiduité & de veilles. Il refpire au milieu des mourans, & des morts qui vont rendre au Trône de Dieu un compte fidéle de l'homme Apoftolique. Envain la fureur des Gardiens de ces demeures fou-

terraines le veut chasser, ils sont étonnés d'un homme qui veut mourir avec les autres & pour les autres.
Il leur apprend que cette force vient d'Enhaut, &
que Jesus-Christ seul donne à ses Envoyés cette con-
stance que le Turc croit une férocité, & qu'il admire malgré lui. Il l'admire d'autant plus qu'il vient
de voir apostasier un Patriarche des Grecs. Espéce de
triomphe dont les Mahométans s'applaudissent.

Mais *Joseph* est là, ils ne jouiront pas long-temps
de cette victoire. Il va dans le silence de la nuit trouver l'Apostat. Il n'exhale point son zéle en reproches ;
il se prosterne aux pieds du Pasteur infidéle ; il invoque
celui qui tient nos cœurs dans sa main ; * il soupire, il
répand des larmes. Ces larmes & ces soupirs sont la
voix de la Grace ; elles ont touché le Patriarche ; les
écailles tombent de ses yeux, il promet de réparer son
sacrilége. Mais quand ? *Joseph* aura-t'il bientôt la con-
solation de rendre le Pasteur au bercail, non. Ce ne
sera qu'après que *Joseph* aura soutenu lui-même d'autres combats. C'est à ce prix qu'il doit racheter cette
ame perdue, & qui entrainoit la perte de tant d'autres.
Il faut que *Joseph* s'ouvre un nouveau champ pour
triompher.

La même inspiration qui portoit les premiers Mâr-
tyrs dans le Palais des Empereurs, dans le Temple de
leurs Idoles, saisit tout-à-coup *Joseph*. Il ose se montrer à l'Empereur des Mahométans. Digne fils de François d'Assise, il offre le défi aux Prêtres de Mahomet.
Quoi, ce séjour d'une Majesté fiere & inaccessible, ce
séjour que l'Asie ne regarde qu'avec frayeur, *Joseph*
ose y pénétrer ! A ne consulter que notre foible raison,
c'est une témérité inutile, un zele indiscret. Mais qui

* *Sicut divi-
siones aqua-
rum cor regis
in manu Do-
mini*, Prov. I.
v. I.

ofe interroger Dieu fur le fecret de fes voyes? Il conduit fes Elus par des chemins qui nous font inconnus, il juftifie leurs entreprifes par des miracles, s'il en eft befoin.

Jofeph fe ménage un Introducteur; mais il ne foufcrit à aucun autre ménagement. On lui propofe de quitter fon habit pour faciliter fon entrée. Cet habit fait fa gloire, il n'en acceptera point d'autre. Il touche enfin aux premieres Gardes, demande d'être conduit au Sultan. Propofition traitée d'irrévérence, & prefque de blafphême. Il eft livré au Vifir, & par le Vifir aux Bourreaux. Voilà donc fes defirs fatisfaits, fon facrifice confommé. De cet arbre où il va être attaché, il voit la couronne qui l'attend, non; il n'eft pas encore mûr pour le Ciel. Un prodige brife fes chaines, le dérobe à fes Perfécuteurs, le rend à fa patrie.

Elle le revoit chargé d'une nouvelle conquête, du Patriarche Grec qu'il ramene à Rome aux pieds du Vicaire de J. C. Elle le revoit fi vénérable aux yeux du Souverain Pontife par les ftigmates de fes fouffrances, fi cher à l'Eglife par les combats qu'il a foutenus pour elle. Que d'hommages rendus, que de dignités offertes! Mais auffi infenfible aux honneurs qu'aux tourmens, effrayé du nom feul de dignités, il revole vers Affife, où il ne cherche que l'obfcurité. Trahi par l'éclat de fon nom, par le bruit de fes prodiges, il voudroit s'enfevelir, mais le befoin des hommes doit l'occuper. Que de graces de converfion tiennent à fa parole! Il ne refufera pas de jetter dans la pifcine ceux qui l'implorent. Il fera des miracles pour y faire entrer ceux qui s'en éloignent. Dieu lui accorde un pouvoir fur toute la nature. Les Princes & les Puiffans du fiécle lui adreffent leurs vœux. Prêcher, fouffrir, fe mortifier, s'humilier fans ceffe

des

des merveilles que Dieu opére en lui, voilà l'occupation de ses jours. Soupirer après la céleste patrie, voilà les mouvemens de son cœur. Ils seront éxaucés enfin, ses jours seront trouvés pleins devant le Seigneur.

Ainsi *Joseph* finissoit sa carriere, tandis que *Fidel* ne faisoit qu'entrer dans la sienne. Mais il y court à pas de géant. A peine le Souverain Pontife l'a-t'il nommé pour aller chez les Grisons, s'opposer aux progrès de l'Hérésie, & confirmer les Catholiques dans la foi, le zéle de l'Apôtre des Gentils le dévore. Il consume les jours dans la prédication, les nuits dans la priére. Humble & ardent à invoquer les lumieres célestes, assidu & hardi à les répandre. Les Eglises, les Places publiques, les Maisons particulieres, tout est un champ spacieux où il veut semer & moissonner; que les plus subtils corrupteurs de l'Evangile le défient, il les terrasse. Le Peuple étonné de leur défaite, est prêt d'échaper à ces Guides trompeurs. Plus de ressource dans leurs vains argumens. Ils n'en auront que dans leurs trames perfides contre la vie de cet Adversaire inattendu. Ils se disent comme les Pharisiens conspirans contre Jesus-Christ, bientôt le monde se rangera sous ses Loix, qu'il périsse.

Tel est le caractere de l'Hérésie. Hardie contre les Souverains même, seroit-elle timide à l'égard des Pasteurs? La vraie Religion respecte dans les Rois le Dieu qui les a couronnés. Elle croiroit en leur resistant resister à Dieu même. Elle rendoit graces à la Providence par la bouche de Tertullien, du regne de Titus & de Vespasien; elle ne murmura pas contre celui de Neron & de Domitien; elle prioit pour ceux qui la tyrannisoient: l'Hérésie au contraire s'arme contre les Maîtres

D

de la terre, ſi elle ne les arme pas pour elle. Eh quels torrens de ſang n'a-t'elle pas fait couler dans le ſiécle de *Fidel* & de *Joſeph* ?

Ah ! périſſe la mémoire de la fureur des Hérétiques & de l'aveugle docilité de nos derniers ayeux. Les ſujets les plus fidéles ébranlés, l'ambition des Grands ſéduite & revoltée contre celui qui eſt le centre des grandeurs, les Provinces déchirées, les familles diviſées, les liens de l'obéiſſance, ceux du ſang & de la nature rompus, les Freres meurtriers les uns des autres. Voilà le ſpectacle d'horreur que l'Héréſie a donné à la France. Voilà ce qu'elle tente par tout où on lui réſiſte. Voilà comme elle s'aſſureroit les conquêtes dont elle jouit encore.

Fidel la vit chez les Griſons lever des Troupes contre le légitime Souverain. Il vit la révolte. Que ne fit-il pas pour l'étouffer ; mais qui croyoient-ils haïr le plus du Souverain ou de *Fidel* ? Helas ! ces malades en délire déteſtoient la main qui les guériſſoit, aveugles ils répouſſoient la lumiere. O *Fidel* les abandonnerez-vous à leur ſens réprouvé ? Vous avez aſſez fait, ſecouez la pouſſiere de vos pieds, & portez vos pas chez des Peuples plus dociles. Réuſſirez-vous mieux à les convertir, que leur Souverain à les réduire ?

Je me trompe, mes freres, l'Egliſe eſt trahie, ſi ſes Miniſtres comptent pour quelque choſe leur propre vie : ainſi le penſoit S. François de Sales. Si les obſtacles euſſent rallenti ſon zéle, auroit-il en deux ans ramené ſoixante-dix mille hérétiques au bercail de Jeſus-Chriſt. Helas ! depuis ſa mort, ils en ſont peut-être tous ſortis ; mais ce grand Saint eût accompli l'œuvre de Dieu, s'il eût été ſecondé. Entendez-le réprocher au

Concile de l'Evêque de Genêve, la moleſſe avec laquelle on penſoit ſur les obſtacles à ramener les freres errans. Lâches Miniſtres, s'écrioit-il, ne ſçavez-vous que vous engraiſſer des biens de l'Egliſe, vous enorgüeillir de ſes honneurs, n'oſez-vous rien entreprendre pour elle? Qu'elle eut été ſa joye de voir *Fidel* animé à l'aſpect des périls, & de la mort toujours offerte à ſes yeux. Mourir fait trembler l'humanité, mourir pour Jeſus-Chriſt fait revivre le zéle qui languiroit dans la tranquilité d'une Egliſe floriſſante. *Euge ſerve bone & fidelis.* * Vous êtes l'homme que François de Sales eut ſouhaité. Vous êtes l'homme que les Apôtres ont formé. Vous aurez leur Couronne. *Euge ſerve bone & fidelis.* Vous mourerez pour Dieu; il vous en aſſure; il l'annonce aux Hérétiques dans ſon indignation, aux Compagnons de vos travaux pour leur édification.

* Matt. 25. ℣. 21.

Fidel a les mêmes penſées de l'Apôtre. Oüi, dit-il, en allant à Sevis, je ſçais que des ſupplices m'attendent, *Nihil horum vereor*; trop content de conſommer ma courſe, *Dummodo conſummem curſum meum*; Je ſçais, mes chers Freres, que vous ne me verrez plus, *Scio quod amplius faciem meam non videbitis*; Conſolez-vous, je ſuis prêt à ſouffrir non-ſeulement les chaînes, mais la mort même pour notre divin Maître. *Ego enim non ſolum alligari, ſed & mori paratus ſum propter nomen Domini Jeſu.* *

* Act. 20. ℣. 24.

Il ſera donc enchaîné, il mourra. Il s'y prépare par une nouvelle prédication qui foudroye les Hérétiques. C'eſt dans le ſanctuaire de Sevis qu'il fait retentir de ſes derniers accens, & jamais ils ne furent plus éloquens. Il pénétre les cœurs Catholiques; il allume la rage dans l'ame des ennemis de la Vérité, rage impatiente de fermer la bouche à ce nouveau Jean-Baptifte. C'eft la maifon de prieres qu'ils veulent fouiller de fon fang. Les Docteurs de l'erreur ne connoiffent aucun lieu privilégié. On différe un moment, c'eft hors du temple que fera immolée la victime. Enfin une multitude de furieux s'emparent de lui , confondent fur lui leurs coups, fe difputent à qui portera les premieres atteintes. Son fang coule à grands flots, & fa voix mourante perce le ciel en priant pour fes Bourreaux.

Jofeph de Leoniffa ne dût pas fon martyre à la cruauté des Infidéles, il fit fon martyre par fes mortifications, & fa vie fut une mort continuelle.

Ainfi tous deux ont accompli à la lettre ce que Saint Paul impofe aux Miniftres de l'Evangile. * *Idoneos nos fecit miniftros novi Teftamenti in laboribus , in jejuniis , in multa patientia , in Verbo veritatis , in fuavitate , in Spiritu Sancto , in caftitate.* Amour du travail, efprit de pénitence, patience dans les peines, affiduité au miniftére, douceur des paroles, ufage faint des talens, pureté des mœurs. Voilà les caracteres des Miniftres de J. C. Voilà les inftructions que nous donnent du haut du ciel *Jofeph* & *Fidel.* Voilà ce qui autorife le culte confacré à leur mémoire.

Mais eft-ce en vain, mes Freres , que l'Eglife nous ouvre la Jérufâlem divine ; qu'elle nous y fait voir nos Contemporains ? Lorfqu'elle fe réjouiffoit de la découverte des précieufes reliques des Saints Gervais & Protais, Saint Ambroife faififfoit cette occafion pour ranimer dans fon peuple la foi & la patience , & pleuroit lui-même fur fon Eglife agitée de troubles dangereux.

* 2. Corinth.
3. ℣. 6.

Le temps où nous fommes eft en apparence plus paifible, mais la Religion a-t-elle moins d'affauts à foutenir ? Siécle malheureux, éclairé pour fa perte ! Siécle où la vaine fcience eft plus funefte aux enfans que la pieufe ignorance de leurs peres ! Siécle où le libertinàge de l'efprit cherche à juftifier la corruption des mœurs, où les dogmes faints font pefés par l'in-créduiité, où une Philofophie dangereufe veut juger des miftéres !

Jettez fur nous des yeux de compaffion, nouveaux habitans du ciel. Faites defcendre fur nous quelque rayon de ceux qui vous environnent. Que la France puiffe toujours conferver la foi qu'elle a reçue des premieres ! Que l'Evangile s'étende au - delà des mers fous la protection d'un Roy qui a déja fubjugué la terre ! Que la paix rendue à l'Europe ferve moins à rendre le Commerce libre, qu'à porter dans un autre monde les thréfors de la vérité ! Qu'un zéle toujours ardent multiplie les Miniftres qui en font les dépofitaires ! Que leur bouche foit toujours ouverte pour annoncer la Loi fainte, jufqu'au moment qu'elle s'ouvrira dans l'éternité pour chanter le Cantique immortel de l'Agneau ! Amen.

www.ingramcontent.com/pod-product-compliance
Lightning Source LLC
Chambersburg PA
CBHW051354060726
47596CB00005B/1915